Anne Scheller

Germanen

aus der Reihe

Abenteuer Weltwissen

Hrsg. Hans-Jürgen van der Gieth

Impressum

Bibliografische Information der Deutschen Bibliothek

Die Deutsche Bibliothek verzeichnet diese Publikation in der Deutschen Nationalbibliografie; detaillierte bibliografische Daten sind im Internet über http://dnb.ddb.de abrufbar.

www.buchverlagkempen.de

1. Auflage, Kempen 2010
© 2010 BVK Buch Verlag Kempen GmbH, Kempen

Nach der neuen deutschen Rechtschreibung

Alle Rechte dieser Ausgabe vorbehalten durch
BVK Buch Verlag Kempen GmbH

Autorin: Anne Scheller, Bamberg

Hrsg.: Hans-Jürgen van der Gieth, Kempen

Lektorat: Ilka Bonten, BVK

Layout und Gestaltung: Christine Anuschewski; Katrin Faber, BVK

Illustrationen: Daniela Heirich (Prof. Kniffelogus), Oberhausen; Silke Höffmann, Oberhausen (S. 19, 25 (H), 28 (ru), 29, 30 / 31, 32 / 33, 34, 40 / 41, 42 / 43, 48, 50, 53);

Sonja Thoenes, Kempen (S. 10, 16, 17, 20 / 21, 25 (lu), 27, 28 (ro, roM, ruM), 33 (r), 41, 45)

Druck / Bindung: Gruppo Editoriale Zanardi – Maniago / PN

Printed in Italy

Best.-Nr.: SB08, ISBN 978-3-86740-211-8

Zur Autorin:
Anne Scheller wurde 1980 in Bremervörde geboren. Studium (Anglistik, Musikwissenschaft, Mittelalterliche Geschichte) und Promotion verschlugen sie nach Bayern, wo sie heute in Bamberg lebt. Seit 2007 arbeitet Anne Scheller als Autorin. Am liebsten arbeitet sie mit sprachlichen und geschichtlichen Sachthemen oder schreibt Geschichten.

Zu den Illustratorinnen:
Silke Höffmann wurde 1976 geboren und wuchs in Kempen auf. Heute lebt sie im Ruhrgebiet und arbeitet in einem Kempener Verlag.

Sonja Thoenes wurde 1970 geboren und arbeitet hauptberuflich als Logopädin.
Seit 2003 arbeitet sie außerdem als freischaffende Illustratorin.

Anne Scheller

Germanen

aus der Reihe

Abenteuer Weltwissen

mit Illustrationen von
Silke Höffmann & Sonja Thoenes

Hrsg. Hans-Jürgen van der Gieth

Inhalt

- **ca. 1700:** Die Indogermanen besiedeln die Küsten von Nord- und Ostsee.

- **ca. 1100–700:** Germanische Bronzezeit

- **ca. 800–0:** Germanische Eisenzeit

- **113, 109, 105:** Niederlagen der Römer gegen die Kimbern und Teutonen

- **102:** Die Teutonen werden von den Römern vernichtet.

- **70:** Ariovist und die Sueben ziehen nach Gallien.

- **58:** Julius Caesar besiegt die Sueben unter Ariovist.

- **58–51 / 50:** Julius Caesar erobert Gallien und schreibt den *Gallischen Krieg*, in dem er auch von den Germanen berichtet.

-1700 -1600 -1500 -1400 -1300 -1200 -1100 -1000 -900 -800 -700 -600 -500 -400 -300 -200 -100

Zeittafel

Von der Bronzezeit zu den Römern, von der Völkerwanderung bis zu den Wikingern – bei den Germanen war immer etwas los! Einen ersten Überblick bekommst du auf dieser Zeittafel. Auf den folgenden Seiten erfährst du dann noch viele spannende Details zu den einzelnen Themen.

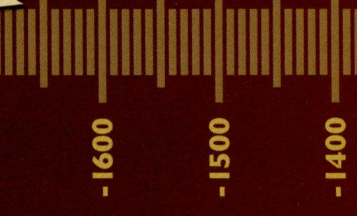

Julius Caesar

- **9:** Unter Arminius besiegen die Germanen das römische Heer des Varus.
- **ca. 21:** Arminius wird ermordet.
- **83:** Der Bau des obergermanisch-rätischen Limes beginnt.
- **ca. 170:** Ausbau des Limes mit steinernen Wachtürmen
- **375:** Beginn der Völkerwanderung (Einfall der Hunnen)
- **410/411:** Die römischen Truppen verlassen Britannien.
- **435:** Die Burgunder werden von einem römischen Heer besiegt.
- **436:** Die Hunnen vernichten das Reich der Burgunder.
- **482–511:** Chlodwig I. ist König der Franken.
- **532:** Das zweite Königreich der Burgunder wird von den Franken erobert.
- **800:** Karl der Große wird in Rom zum Kaiser gekrönt.
- **ca. 800:** Die Wikinger ziehen von Skandinavien aus raubend durch Europa.

100 200 300 400 500 600 700 800 900 1000 1100 1200 1300 1400 1500 1600 1700

Hermannsdenkmal

Wachturm des Limes

Woher kamen die Germanen?

Forscher sind sich nicht einig, woher die Germanen stammen. Einige von ihnen nehmen an, dass in der Steppe nördlich des Schwarzen Meeres vor 5 000 Jahren ein Reiter- und Bauernvolk zu Hause war, die sogenannten *Indogermanen*. Obwohl sie uns keine schriftlichen Berichte hinterlassen haben, wissen wir einiges über die Indogermanen aus der Sprache, die sie gesprochen haben. Sie kannten bereits das Pferd und den Wagen. Die Indogermanen kannten Wörter für die Viehzucht (z. B. „Kuh", „Schwein", „melken") und waren daher vermutlich geschickt im Umgang mit ihren Haustieren. Sie kannten Gold, Silber und Kupfer. Als Zahlungsmittel benutzten sie jedoch ihr Vieh.

Die Indogermanen breiteten sich von ihrer Heimat am Schwarzen Meer über ganz Europa und bis nach Asien aus. Im heutigen Niedersachsen, Schleswig-Holstein, Dänemark und Südschweden ließen sich einige Siedler nieder, die sich vermutlich in einer gemeinsamen Sprache verständigten: die *Germanen*.

Die frühe Geschichte der Germanen

Bernstein

Tierfell

Die Bronzezeit

Damals war das Wetter in Europa viel wärmer und angenehmer als heute. Die Sommer waren sonnig und die Winter mild. Die Germanen hatten genug zu essen und ihre Tiere waren gesund und kräftig. Geschickte Handwerker stellten Waffen, Schmuck, Werkzeuge und Alltagsgegenstände aus Bronze her. Forscher sprechen daher auch von der *germanischen Bronzezeit* (ca. 1100–700 v. Chr.).

Um Bronze herzustellen, mischten die Handwerker neun Teile geschmolzenes Kupfer mit einem Teil flüssigem Zinn. Diese Rohstoffe bekamen sie von Händlern aus fernen Ländern wie Spanien, Zypern und England. Ihre Ware bezahlten sie mit Fellen, Honig oder Bernstein. Dieser wurde auch „Gold des Nordens" genannt und war für die Menschen damals so wertvoll wie Geld für uns heute.

Über diese ganz frühe Zeit der Germanen können wir uns fast nur durch Ausgrabungen informieren. Interessant sind dabei für die Forscher die Gräber der frühen Germanen in Mitteleuropa. In der Bronzezeit verbrannten sie ihre Toten auf Scheiterhaufen und füllten die Asche und Knochenreste dann in Urnen aus Stoff, Holz oder Ton. Die Urnen wurden begraben – oftmals auf Feldern mit vielen anderen Aschegefäßen. Daher nennt man diese Zeit auch *Urnenfelderzeit*.

Honig

Bronze

Feuer

Das Leben wird härter

Leider verschlechterte sich mit der Zeit das Klima: Die Sommer wurden nasser, die Winter schneereicher. Das Korn wuchs nicht mehr so gut. Menschen und Tiere litten unter Kälte und Hunger.

Zum Glück lernten die Germanen, Eisen zu verarbeiten. Die *Eisenzeit* begann (ca. 800 v. Chr. – 0). Äxte aus dem steinharten Metall halfen beim Fällen von Bäumen. Das Holz brauchten die Germanen dringend zum Leben: zum Bau von Häusern, Wagen, Schiffen und Ackergeräten, zum Heizen der Wohnungen und auch zur Herstellung des Eisens selbst. Mit Pflugscharen und Sensenklingen aus dem Metall wurde die anstrengende Feldarbeit leichter und die Ernten fielen wieder reicher aus.

Trotzdem war das Leben unserer Vorfahren hart. Im Winter litten die Menschen meist Hunger. Wenn der Schnee nach der langen Kälte endlich taute, waren die Kühe und Schafe oft zu schwach, um selbst auf die frischen Weiden zu laufen. Also trugen die Germanen ihre Tiere hinaus.

Im Laufe der Eisenzeit wanderten einige Germanen noch weiter nach Süden, Osten und Westen. Das Gebiet, in dem germanisch gesprochen wurde, reichte nun über den heutigen Süden von Niedersachsen hinaus: im Westen bis zum Rhein, im Süden bis zur Donau und im Osten bis zur Weichsel.

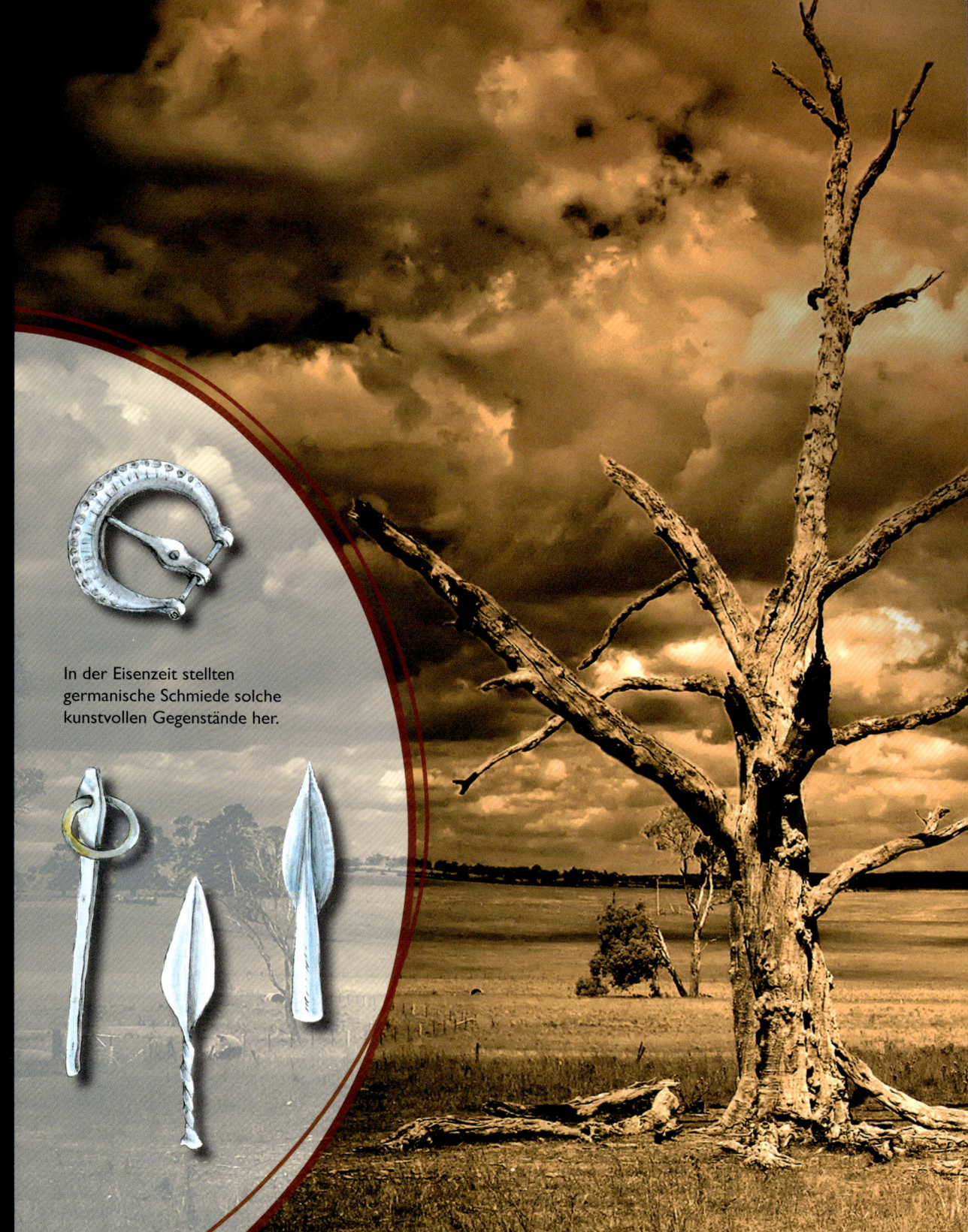

In der Eisenzeit stellten germanische Schmiede solche kunstvollen Gegenstände her.

In der Eisenzeit

Germanen und Kelten

In Gallien (dem heutigen Frankreich), von wo aus Julius Caesar später nach Germanien reiste, siedelten *Kelten*. Von den Römern wurden einige Stämme der Kelten auch *Gallier* genannt. Germanen und Kelten waren ursprünglich nah verwandt; beide stammen von den Indogermanen ab und alle sprechen sie indogermanische Sprachen.

Caesar behauptete, die Kelten würden nur links vom Rhein, die Germanen nur rechts vom Rhein siedeln. Forscher sind sich inzwischen allerdings einig, dass die Grenze in Wirklichkeit weniger klar verlief.

Die Kelten waren sehr geschickte Handwerker. Ton bearbeiteten sie auf der Töpferscheibe und Bronze wurde von ihnen meisterhaft durch Hämmern bearbeitet und gegossen. Auch als Goldschmiede waren sie berühmt. Außerdem bauten sie Salz und Eisenerz ab. Ihre harten und messerscharfen Schwerter aus Eisen waren in ganz Europa gefürchtet. Mit Griechenland und Italien unterhielten die Kelten regen Handelskontakt.

Wegen ihrer keltischen Nachbarn konnten sich die Germanen nicht weiter nach Süden und Westen ausbreiten.

Wusstest du schon?

Sprachforscher haben herausgefunden, dass sich früher **alle Germanen in der gleichen Sprache verständigten.** Du kannst das noch heute erkennen: Das deutsche Wort *Fuß,* das englische *foot,* das dänische *fod* und das schwedische *fot* – diese Wörter klingen sehr ähnlich!

Julii cesaris commentaria

Gallia e omnis divisa in partes tres. Quarum unam incolunt belgae. Aliam aquitani. tertiam qui ipsorum lingua celte. nra gali appellantur. Hi oms lingua institutis legibus inter se diferunt. Gallos ab aquitanis garunna flumen. a belgis matrona. & sequana dividit. Horum oium fortissimi sunt belgae: pp quod a cultu atqp humanitate provincie longissime absunt. minimeqp ad eos mercatores sepe comeant. atqp ea que ad effeminandos animos pertinent: important. proximi sunt germanis: qui trans rhenum incolunt: cum quibus continenter bellum gerunt. Qua de causa helvetii quoqp reliquos gallos virtute precedunt. quod fere quotidianis preliis cum germanis contendunt cum aut suis finibus eos prohibent: aut ipsi in eorum finibus bellum gerunt. Eorum una pars: quam gallos obtinere dictum e: initium capit a flumine rhodano. continenturqp garunna flumine. occeanum finibus belgarum attingit. & ab sequanis & helvetiis flumen rhenum vergit ad septentriones. Belgae ab extremis galliae finibus oriuntur. pertinent ad interiorem partem fluminis rheni. spectant ad septentrionem & orientem solem. aquitania garunna flumine ad pireneos montes: & ad eam partem occeani: que ad hispaniam pertinet. spectat inter occasum solis & septentriones. Apud helvetios longe nobilissimus fuit & ditissimus orgentorix. Is marco messala & publio marco pisone consulibus regni cupiditate inductus coniurationem nobilitatis fecit. ac civitati persuasit: ut de finibus suis cum oibus copiis exirent. perfacile esse cum virtute oibus prestarent: totius galliae imperio potiri. Id hoc facilius eis persuasit: quod undiqp loci natura helvetii continentur. Una ex parte flumine rheno latissimo atqp altissimo: qui agrum helvetium a germanis dividit. Altera ex parte monte iura altissimo: qui est inter sequanos & helvetios. Tertia lacu lemano. & flumine rhodano. qui provinciam nram ab helvetiis dividit. His rebus fiebat: ut & minus late vagarentur. & minus facile finitimis bellum inferre possent: Qua de causa homines bellandi cupidi magno dolore afficiebantur. Pro multitudine autem hominum & pro gloria belli atqp fortitudinis angu

Erste Berichte über die Germanen

Was der Name *Germanen* bedeutet, wissen wir heute nicht mehr. Wahrscheinlich wurde er den Stämmen von ihren keltischen Nachbarn, die unter anderem im heutigen Frankreich (ehemals Gallien) lebten, gegeben.

Der Feldherr Gaius Julius Caesar eroberte Gallien, und damit die Kelten, für Rom. Über seine Kriege schrieb Caesar einen Text, der noch heute im Lateinunterricht gelesen wird: „De bello Gallico" = „Über den Gallischen Krieg". Darin berichtet er auch ausführlich über die Germanen.

Mit seiner Armee überquerte Caesar zweimal den Rhein, um die germanischen Stämme besser kennenzulernen. Jagen und Kriegsübungen waren, so Caesar, bei den Germanen beliebt. Sie bauten aber auch Getreide an. Die Germanen waren besonders freundliche Gastgeber: Mit jedem Besucher teilten sie ihr Haus und ihr Essen und beschützten ihn vor allen Gefahren.

Etwa im Jahr 100 n. Chr. beschrieb ein römischer Senator namens *Tacitus* das Leben der Germanen. Dem sonnenverwöhnten Römer erschien Germanien mit seinen Wäldern und den Sümpfen rau und karg. Tacitus berichtete außerdem, dass die Germanen zwar viel Bier tranken, dafür aber nur einfache Speisen zu sich nahmen: wilde Früchte, Fleisch und Käse.

Julius Caesar

Tacitus schreibt

> Ich glaube, dass die Germanen sich nicht mit anderen Völkern vermischt haben, sondern ein eigenes Volk sind. Daher sehen sie auch alle gleich aus: Sie haben wild blickende Augen, rötliches Haar und sind sehr groß.

(nach *Germania*, Kapitel 4)

Was Caesar berichtet

> Wenn ein Stamm einen Krieg begann oder sich verteidigte, wurde ein Anführer gewählt, der die Macht über Leben und Tod hatte.

(nach *De bello Gallico* 6, 23)

Wusstest du schon?

Caesar berichtete auch von einigen merkwürdigen Tieren in den Wäldern Germaniens: Er beschrieb Hirsche mit nur einem Horn mitten auf der Stirn und Elche, die sich nicht hinlegen konnten, sondern im Stehen schliefen. Außerdem sollte es Auerochsen geben, die fast so groß wie Elefanten waren.

Ob es diese Fabelwesen wirklich gab? Vermutlich nicht. Eher hatten Reisende bei ihren Erzählungen um einiges übertrieben.

Der Feldherr Julius Caesar betrat Germanien mit einem riesigen Heer. So zeigte er den „Barbaren" (= Ungesittete, Wilde) die Stärke der römischen Armee.

Die germanischen Stämme

Tacitus berichtete, dass die Germanen einen Göttersohn namens *Mannus* als ihren Stammvater ansahen. Mannus hatte drei Söhne, nach denen drei große germanische Stämme benannt wurden:

Ingävonen	**Herminonen**	**Istävonen**
Kimbern	Chatten	Marser
Teutonen	Cherusker	Sugambrer
Chauken	Sueben	

Die *Ingävonen* lebten an der Nordsee. Zu ihnen gehörten die Stämme der Kimbern, Teutonen und Chauken. Im Zentrum des heutigen Deutschlands siedelten die *Herminonen,* zu denen Forscher die Chatten, Cherusker und Sueben rechnen. Die am Rhein wohnenden Stämme wie Marser oder Sugambrer gehörten zu den *Istävonen*.

Die germanischen Laender zur Zeit der **MEROVINGER** bis 752.

Geogr. Meilen in $\frac{1}{12\,000\,000}$

3
Fragen an
Professor Kniffelogus

1. Professor Kniffelogus, warum haben die germanischen Stämme so seltsame Namen?
Chauken, Cherusker, Sugambrer – das klingt tatsächlich alles ziemlich merkwürdig. Leider kennen wir die meisten Namen der Stämme nur aus römischen Schriften. Wer weiß, ob die Stämme sich selbst nicht vielleicht ganz anders nannten.

2. Über welche Namen wissen wir denn überhaupt etwas?
Über den der *Langobarden* zum Beispiel. Nach einem Mythos heißt Lango-barden vermutlich einfach „Langbärte". Da sehr viele Germanenstämme einen Bart trugen, ist es wahrscheinlich, dass ein fremdes Volk ihnen diesen Namen gab.

3. Und was haben die Germanen mit dem englischen Wort *Germany* für Deutschland zu tun?
Die Bezeichnung Deutschlands als *Germany* kommt ganz klar von unseren Germanen. Auf Französisch heißt Deutschland übrigens *Allemagne* nach dem germanischen Stamm der Alemannen. Und das Wort *Deutschland* kommt von den Teutonen.

Die ersten Germanen, denen Gaius Julius Caesar begegnete, waren *Sueben*. Zu ihnen gehörten verschiedene Stämme wie *Langobarden*, *Hermunduren* und *Markomannen*, die rund um die Elbe lebten.

15 000 suebische Krieger zogen ca. 70 v. Chr. unter ihrem König *Ariovist* über den Rhein nach Gallien, wo sie neues Siedlungsland eroberten. Die dort lebenden Kelten mussten ihnen Steuern zahlen und dem Germanenkönig Geiseln stellen.

Ariovist teilte Caesar mit, das nördliche Gallien sei nun sein Herrschaftsbereich. Doch Caesar wollte ganz Gallien für Rom erobern. 58 v. Chr. bereiteten sich Römer und Sueben auf eine Entscheidungsschlacht vor. Zunächst hatte Ariovist die Oberhand: Er schnitt das römische Heer vom Nachschub ab und führte mit seinem wendigen Reiterheer tagelang verheerende Angriffe aus. Furchtlos warfen sich die Germanen in die Schlacht. Die Römer zitterten vor diesen barbarischen Gegnern – aber sie siegten trotzdem. Sie hatten bessere Kriegsgeräte, waren diszipliniert und perfekt ausgebildet. Nur wenige Sueben, darunter der König Ariovist, entkamen.

Vermutlich um 180 n. Chr. wurde in Mähren (heutige Tschechische Republik) am Ufer der *Thaya* ein mächtiger germanischer König aus dem Stamm der Markomannen begraben. In seinem Grab fanden Forscher viele wertvolle Gegenstände: Gürtel, Silberbecher, sogar einen Klapptisch und auch einen Kessel aus Bronze. Vier Figuren an seinem Rand stellen germanische Männer mit Suebenknoten dar.

Im 19. Jahrhundert wurden Ariovist (links) und Caesar (rechts) vor ihrer Schlacht so abgebildet.

Der Suebenknoten

Aus schulterlangen Haaren konnte diese germanische Frisur gemacht werden.
Freie Männer bei den Sueben erfanden den kunstvollen Knoten. Bald wurde die Langhaarfrisur auch bei anderen Stämmen richtig beliebt.

Germane mit Suebenknoten

Forscher bauen die Vergangenheit nach

Die Zeit der Germanen ist schon lange vorbei. Zum Glück kann man aber heute nicht nur über die Germanen lesen und tolle Bilder anschauen, sondern auch echte Überbleibsel der Germanenzeit besichtigen.

In vielen Museen gibt es Fundstücke aus der Germanenzeit, die Archäologen bei Ausgrabungen gefunden haben. Diese Alltagsgegenstände – Schwerter, Kämme, Nadeln, Schüsseln oder Trinkhörner – sind oft schon stark verwittert, aber Forscher können die Stücke nachbauen. Einfacher ist es, wenn Gegenstände, Kleidung oder sogar Menschen im Moor versunken sind. Diese Zeugen aus der Germanenzeit sind meist gut erhalten.

Manchmal finden Forscher auch ganze Häuser oder Dörfer im Erdboden. Obwohl Wände und Dächer aus Holz und Stroh längst verfault sind, können sie noch erkennen, wo das Haus stand und wie es aussah. In Museumsdörfern werden solche Gebäude dann in Originalgröße nachgebaut.

Museum Burg Bederkesa

Nahe an der Nordsee lag früher das Dorf *Feddersen Wierde*. Auf extra aufgeschütteten Hügeln, den bis zu vier Meter hohen *Wurten*, waren die Häuser vor Sturmfluten sicher. Archäologen fanden in den Wurten Spuren eines großen lebendigen Dorfes: ein Versammlungshaus, Werkstätten für Eisen- und Bronzearbeiten, Ställe für Pferde, Kühe und Schweine, Felder für Gerste, Bohnen und Flachs und verschiedene Alltagsgegenstände. Sogar Münzen und Vasen aus dem fernen Rom waren dabei!

In Bad Bederkesa im Landkreis Cuxhaven können alle Fundstücke bewundert werden.

Opfermoor Oberdorla

Das Moor von Oberdorla in Thüringen war für viele Germanen ein heiliger Ort. Sie bauten Altäre und stellten Holzfiguren ihrer Götter auf. Diesen Göttern wurden wertvolle Geschenke gemacht: Werkzeuge, Waffen, ein Boot, aber auch Tier- und Menschenknochen wurden im Boden gefunden.

Alle germanischen Funde können im Opfermoor-Museum angeschaut werden. Originalgetreu nachgebaute germanische Häuser lassen die faszinierende Geschichte lebendig werden.

Alltag bei den Germanen

Die Germanen waren sehr geschickte Handwerker. Alles, was sie zum Leben brauchten, stellten sie selbst her. Sie bauten Häuser und Schiffe, fertigten Ackergeräte, Werkzeuge und Waffen. Für ihre Kleidung mussten die Germanen mit der Hand die Schafe scheren und die Wolle waschen, kämmen, färben, spinnen, weben und nähen.

Getreide wurde angebaut, Nahrung und Feuerholz im Wald gesammelt. Die Haustiere, die Milch, Wolle und ihre Arbeitskraft spendeten, mussten versorgt werden.

Das alles bedeutete jeden Tag stundenlange harte Arbeit.

Feldarbeit

Die Menschen waren hauptsächlich als Bauern tätig. Sie pflanzten und ernteten Getreide und Gemüse.

Spielende Kinder

Die Kinder mussten mit auf dem Feld und im Haushalt arbeiten. In ihrer Freizeit spielten sie am Haus und im Hof.

Schmied

Da die Germanen bereits Eisen kannten, stellte der Schmied daraus Handwerkszeug, Waffen und Alltagsgegenstände her.

Tiere

Die Germanen hielten damals schon Haustiere, die ihnen Fleisch, Felle und ihre Arbeitskraft lieferten.

Häuser und Dörfer

Dunkler Wald, so weit das Auge reicht. Doch hier auf der Lichtung ist das Leben freundlich: Saftige Wiesen bieten Nahrung für Rinder und Schafe. Der Boden ist fruchtbar. Ein Fluss mit frischem Wasser und schmackhaften Fischen fließt vorüber. Ein hervorragender Platz für ein Dorf.

Germanische Siedlungen bestanden mal aus einzelnen Anwesen, mal aus 20 oder sogar 30 Gebäuden. Die Wände waren aus Holzpfosten, deren Zwischenräume mit geflochtenen Zweigen und Lehm gefüllt waren. Pfosten im Inneren des Hauses trugen das schilf- oder grasgedeckte Dach. Diese *Langhäuser* maßen bis zu 17 Metern. An den langen Seiten gab es zwei Türen; eine weitere Tür an einer kurzen Seite führte von außen direkt in den Stallteil: Menschen und Tiere lebten nämlich in einer Unterkunft. So sparten die Germanen Baumaterial und bekamen im Winter etwas von der wohligen Wärme der Rinder, Schafe und Schweine ab.

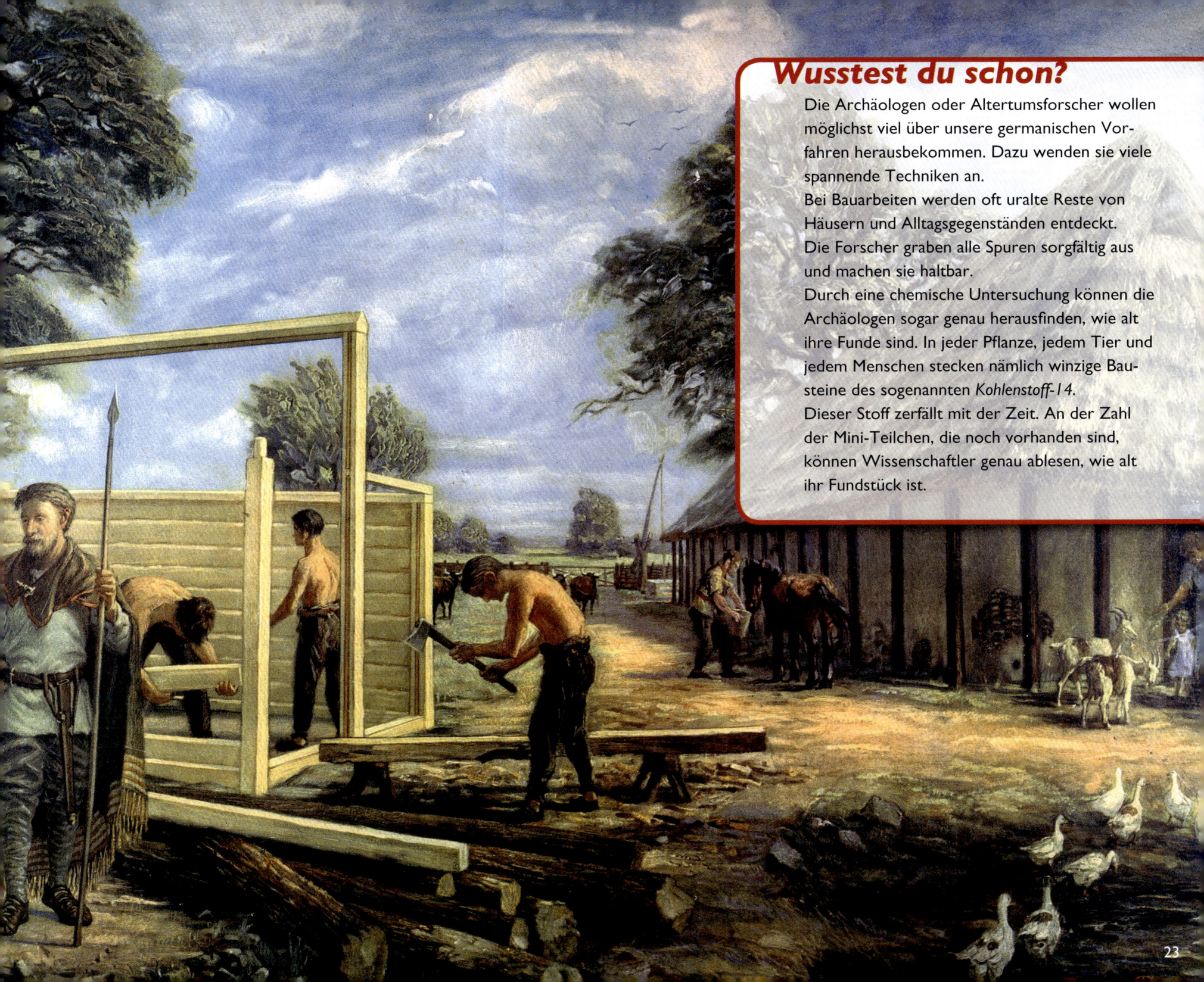

Die Archäologen oder Altertumsforscher wollen möglichst viel über unsere germanischen Vorfahren herausbekommen. Dazu wenden sie viele spannende Techniken an.

Bei Bauarbeiten werden oft uralte Reste von Häusern und Alltagsgegenständen entdeckt. Die Forscher graben alle Spuren sorgfältig aus und machen sie haltbar.

Durch eine chemische Untersuchung können die Archäologen sogar genau herausfinden, wie alt ihre Funde sind. In jeder Pflanze, jedem Tier und jedem Menschen stecken nämlich winzige Bausteine des sogenannten *Kohlenstoff-14.*

Dieser Stoff zerfällt mit der Zeit. An der Zahl der Mini-Teilchen, die noch vorhanden sind, können Wissenschaftler genau ablesen, wie alt ihr Fundstück ist.

Im Wohnteil befand sich eine große Feuerstelle aus Steinen. Die Flammen spendeten nicht nur Wärme, sondern auch Licht, denn die Langhäuser hatten meist keine Fenster. Durch ein kleines Loch im Dach zog der beißende Rauch ab. Über dem Feuer hing ein großer Eisenkessel, in dem Suppe und Getreidebrei gekocht und Fleisch gegart wurde. An den Wänden dienten mit Fellen bedeckte Bänke zum Sitzen und Schlafen.

Die Germanen glaubten, dass der Haselstrauch vor Gewitter schützte.
Damit kein Blitz ihre Wohnungen zerstörte, steckten viele Germanen drei Haselnusszweige in die Balken des Hauses.

Niedrige Wände aus Flechtwerk trennten den Wohnbereich vom viel größeren Stall. Die Germanen bauten den Stall extra etwas tiefer, damit die Jauche nicht in die Wohnung lief. Links und rechts vom Mittelgang lagen Boxen, in denen Rinder oder Pferde Platz hatten. Auch kleinere Tiere wie Schafe, Ziegen und Schweine hielten die Germanen hier.

Rinder, Schafe, Pferde und Schweine waren der wichtigste Besitz eines Germanen. Viele Tiere bedeuteten genug zu essen und ein hohes Ansehen bei den Nachbarn. Auf einem Hof lebten meist mehrere ziemlich kleine Rinder, die Milch und Fleisch lieferten. Die Schweine waren nicht rosa, sondern dunkelrot oder schwarz und borstig wie Wildschweine. Germanische Schafe sahen ebenfalls wilder aus – etwa wie heute die Heidschnucken. Die schmächtigen germanischen Pferde waren zäh und ausdauernd.

Im Stall und auf dem Feld

Auf den Äckern bauten die Dorfbewohner Gerste und Hafer an. Ein Jahr lang wuchs das Getreide, im nächsten Jahr erholte sich der Boden. Dann zogen die Germanen auf einem anderen Acker ihre Feldfrüchte. An Gemüse pflanzten die Menschen Bohnen, Erbsen, Linsen, Kohl, Mohrrüben, Zwiebeln und Schnittlauch an.

Reiche Ernten konnten die Germanen selten einfahren. Wenn im späten Winter die Vorräte zu Ende gingen, litten Menschen und Tiere oft wochenlang Hunger.

Jeden Tag aßen die Germanen Getreide. Gerste oder Hirse wurde von Hand gemahlen und mit Wasser zu einem Brei gekocht. Selten gab es dazu Rind- oder Schweinefleisch oder einen auf der Jagd erbeuteten Auerochsen. Fische und Muscheln standen häufiger auf dem Speiseplan. Nicht nur das Meer, auch Flüsse und Seen waren damals voller Wassertiere.

Im Wald sammelten die Germanen Obst: Schlehen, Hagebutten, Holunderbeeren und Brombeeren machten ihren Speiseplan abwechslungsreich. Zum Süßen verwendeten sie Honig.

Das Essgeschirr war aus Ton oder Holz. Gabeln hatten die Germanen noch nicht. Sie aßen entweder mit dem Löffel oder nahmen ihre Finger zu Hilfe.

Für den Winter trocknete man Beeren. Fleisch und Fisch hängten die Germanen einfach an den Deckenbalken auf. Im Rauch des Feuers wurden die Vorräte ganz von selbst geräuchert.

Die Feldarbeit war richtige Knochenarbeit. Täglich zehn Stunden pflügen, Unkraut jäten oder Korn dreschen war für germanische Bauern nichts Ungewöhnliches. Pflugscharen, Messer, Sicheln und Sensen aus Eisen erleichterten die Arbeit jedoch ein wenig.

Aus der Milch ihrer Kühe stellten die germanischen Frauen Käse und Quark her.

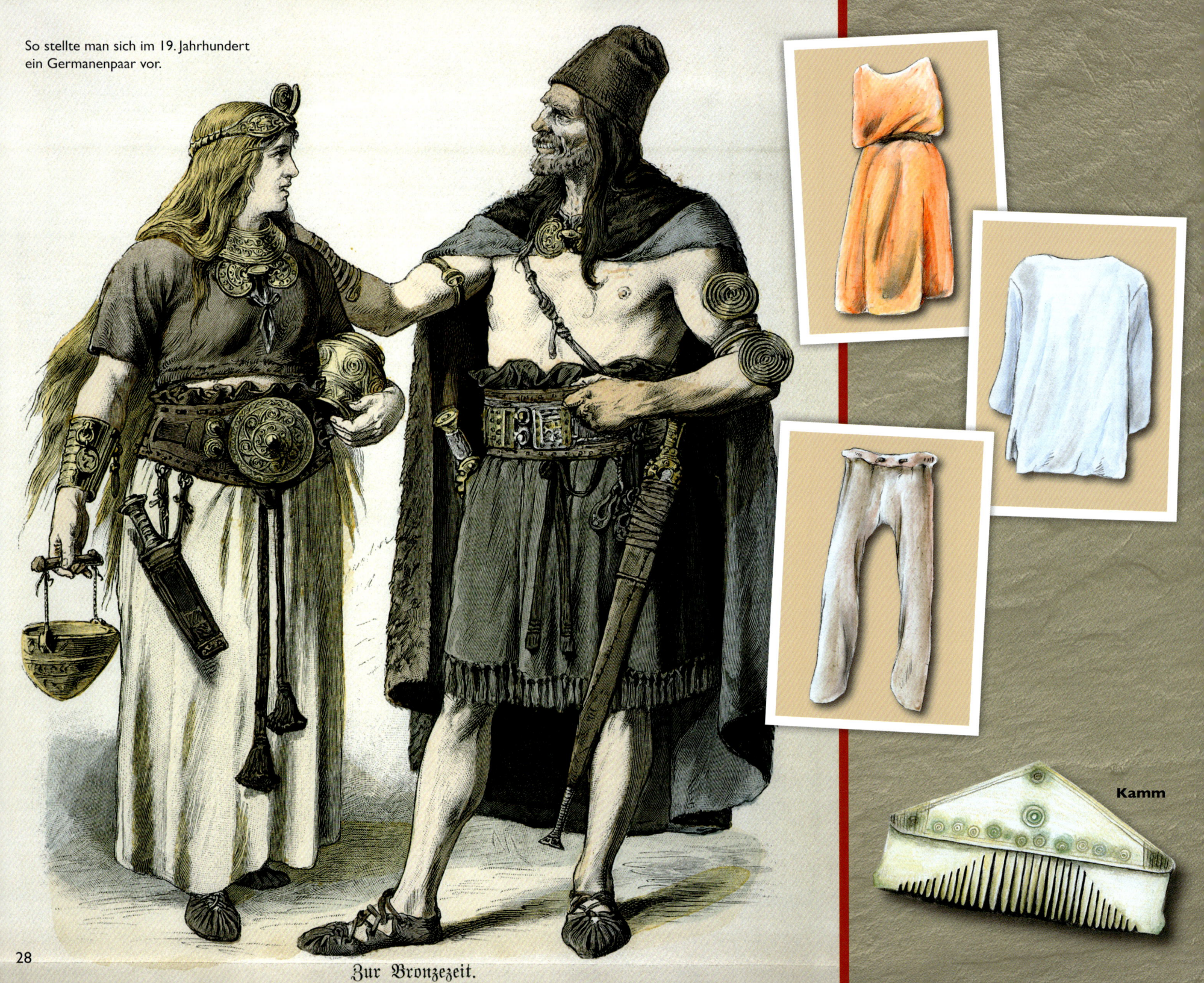

So stellte man sich im 19. Jahrhundert ein Germanenpaar vor.

Zur Bronzezeit.

Kamm

Aussehen und Kleidung

Lange, rotblonde Haare und helle Haut – dafür bewunderten die Römer alle Germanen. Die Germanen selbst fanden *blond* in allen Schattierungen am schönsten. Mit Kamillenspülungen versuchten viele, ihre Haare hell zu bleichen. Sowohl Männer als auch Frauen pflegten ihre Haare mit Hingabe. Sie hatten feine Kämme und steckten Schweineborsten dicht an dicht in einen Holzstiel: Die Bürste war erfunden! Mit Rasiermessern hielten die Männer ihre Bärte kurz. Bei manchen Stämmen wie den *Langobarden* – den „Langbärten" – ließen sich einige Männer Vollbärte wachsen.

Am liebsten trugen die Germanen Kleidung aus Schafwolle. Die Männer hatten eng anliegende, lange Hosen und langärmelige Kittel an. Im Winter wärmten bunte Wollmäntel, die mit kunstvollen Gewandspangen, *Fibeln* genannt, auf der Schulter gehalten wurden. Die Frauen trugen lange ärmellose Kleider, die mit Fibeln und Gürteln befestigt waren. Für die kalte Jahreszeit hatten die Germanen außerdem lange Hemden, Tücher und Pelzumhänge. Gürtel und Schuhe waren aus Leder.
Das Spinnen, Färben, Weben und Nähen der Kleidung war Frauenarbeit. Wissenschaftler haben ausgerechnet, dass an einem etwa 180 mal 260 Zentimeter großen Mantel zwei Germaninnen ein volles Jahr gearbeitet haben.

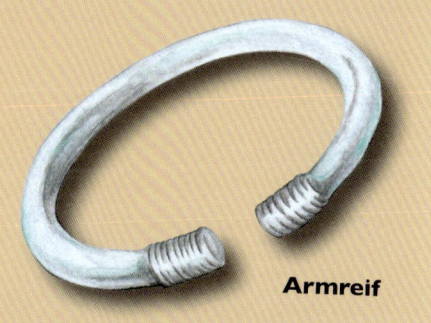

Thorshammer

Armreif

Rasiermesser

Fibel

Nadel

Holz und Metall

Wie wir ja bereits wissen, stellten die Germanen alles, was sie zum täglichen Leben brauchten, selbst her: Die Frauen kümmerten sich nicht nur um die Kleidung, sie flochten auch Körbe und töpferten Schüsseln. Aus Holz wurden Löffel und Schalen als Essgeschirr geschnitzt. Häuser, Wagen und Schiffe zimmerten die Germanen ebenfalls aus großen Baumstämmen.

Manche Handwerker waren besonders geschickt in der Verarbeitung von Metall. Die germanischen Schmiede verschmolzen neun Teile Kupfer mit einem Teil Zinn. Daraus entstand Bronze, die in Formen gegossen und mit einem Meißel verziert wurde. So entstanden praktische Alltagsgegenstände wie Nähnadeln, Rasiermesser und Nagelfeilen. Mit reich dekorierten Fibeln, Gürtelschnallen, Halsringen und Armbändern schmückten sich die Männer und die Frauen.

Helm und Holzschild

Gürtelschnalle

Wahre Meister waren die wehrhaften Germanen im Waffenschmieden. Die Krieger trugen Beile, Schwerter, Dolche, Schilde und Helme aus Bronze. Später lernten die Germanen auch das Verarbeiten eines viel härteren Metalls: Eisen. In heißen Öfen („Rennfeueröfen") gewannen sie den Rohstoff aus groben Erzklumpen. Fast stahlharte Waffen verliehen den germanischen Kämpfern jetzt noch mehr Schlagkraft.

Wieland, der Schmied

Eine uralte Sage erzählt von dem geschickten Schmied Wieland, der das schärfste Schwert der Welt schmieden wollte. Dafür nahm er eine Feile und zermahlte sein Schwert zu Eisenspänen. Diese mischte er Gänsen ins Futter, damit das Eisen noch härter wurde. Nachdem der Meisterschmied die Stücke aus dem Gänsedreck gefischt hatte, schmiedete er mit ihnen ein neues Schwert. Mühelos durchschnitt es die Rüstung seines Gegners.

Auf den großen Flüssen Rhein, Elbe und Weser, auf Seen und sogar auf dem Meer waren die Germanen mit Booten unterwegs. Die küstennahen Siedler aßen täglich Fisch, Muscheln und Schnecken. Der Handel mit Kupfer, Zinn oder römischen Silberwaren ging per Boot ebenfalls am bequemsten. Bekannt wurden unsere germanischen Vorfahren aber vor allem wegen kriegerischer Fahrten auf Flüssen und Meeren. Auf dem Wasser kam man eben schneller voran als in den unwegsamen Sümpfen und Wäldern Germaniens.

In Dänemark wurden um 1863 in einem Moor große Holzschiffe gefunden, mit denen Germanen im vierten Jahrhundert über die Nordsee gerudert sind. Das größte der Boote (Nydam-Schiff) ist etwa 23 Meter lang und fast 3,50 Meter breit. Ungefähr 30 Ruderer

manövrierten das Boot blitzschnell auch durch enge Buchten. Insgesamt 45 Krieger fanden bequem darauf Platz. Dass das Nydam-Schiff für den Krieg verwendet wurde, machen auch die anderen Moorfunde aus Nydam deutlich: Zahlreiche Lanzen, Speere und Schwerter, Pfeile und Bogen, Dutzende Äxte und Schilde wurden vermutlich als Dankopfer für den Kriegsgott ebenfalls im Moor versenkt. Das Nydam-Schiff, das ungefähr 320 n. Chr. gebaut wurde, steht heute in einem Museum in Schleswig.

Die germanischen Angeln, Sachsen und Friesen siedelten ab dem fünften Jahrhundert nach England über – auch das taten sie in Booten, die dem Nydam-Schiff ähnelten. In späteren Jahrhunderten bereisten Germanen mit ihren hölzernen Schiffen ganz Europa.

Flussfahrer und Seeleute

Religion und Gesellschaft

Die Germanen hielten zusammen. Eltern, Kinder, Tanten und Onkel, Cousins und Großeltern: In der Sippe (Großfamilie) war jeder für den anderen da. In einer Zeit ohne Polizei und Gesetze waren die Sippenmitglieder wichtige Beschützer und Helfer für jeden Germanen.

Auch ihre Götter verehrten die Germanen oft gemeinsam, zum Beispiel bei einem fröhlichen Festumzug. Dabei kam auch das Feiern nicht zu kurz.

Germanische Götter

Bei den Germanen waren verschiedene Götter für unterschiedliche Bereiche des Lebens zuständig. Praktisch – je nach Problem wandten sich unsere Vorfahren einfach an den passenden Gott!

Wodan (auch *Wotan* oder *Odin*) war der höchste Gott. Auf einem achtbeinigen Hengst, begleitet von den Raben *Hugin* und *Munin* sowie zwei Wölfen, reiste er rastlos durch die Welt der Götter und Menschen. Er konnte weissagen und dichten. Das englische Wort *wednesday* für *Mittwoch* verdanken wir dem germanischen Göttervater.

Sein bärenstarker Sohn *Donar* (auch *Thor*) schleuderte seinen magischen Hammer so schnell vom Himmel hinab, dass Blitze erstrahlten. Als Wettergott wurde Donar besonders von den Bauern verehrt. Sein Name steckt heute noch in unseren Wörtern *Donner* und *Donnerstag*.

Im Krieg wandten die Germanen sich an den mutigen *Ziu*, auch bekannt als *Tiwaz* oder *Tyr*. Mit seinem Schwert jagte er die Feinde in die Flucht. In dem Wort *Dienstag* begegnet uns sein Name regelmäßig wieder.

Einige germanische Stämme der Sueben verehrten außerdem die Fruchtbarkeitsgöttin *Nerthus*. Auf einer Ostseeinsel, möglicherweise Rügen oder Fehmarn, stand ihr geweihter Wagen in einem heiligen Hain. Im Frühjahr fuhr ein Priester den Wagen der *Erdmutter* durch die Dörfer. Für die Menschen war dies eine Gelegenheit zum Feiern und Fröhlichsein, vor allem aber auch eine Zeit des Friedens.

Donar

Die Edda

Vieles, was wir über die germanischen Götter wissen, stammt aus einem skandinavischen Buch: der *Edda*. Darin wurden noch lange nach der Germanenzeit Sagen aufgeschrieben.

Dort wird auch von den Geschwistern *Freyr* und *Freya* berichtet. Freyr war ein Fruchtbarkeitsgott. Ihm waren die Tiere Eber und Pferd heilig. Freya war als Ehefrau von Wodan für die Liebe und die Fruchtbarkeit zuständig. Als er sie verließ, weinte sie aus Liebeskummer goldene Tränen.

Wusstest du schon?

Ende des achten Jahrhunderts nahmen die germanischen Sachsen den **christlichen Glauben** an. Bei der Taufe schworen sie ihren alten Göttern ab:

Ec forsacho allum dioboles wercum and wordum, Thunaer ende Wôden ende Saxnôte ende allum thêm unholdum, thê hira genôtas sint.

(Ich schwöre allen Teufelswerken und -worten ab, Donar und Wodan und Saxnot und allen Unholden, die ihre Genossen sind.)

Wodan

35

Die Religion
der Germanen

Kirchen oder Tempel, in denen die Menschen ihre Götter verehrten, kannten unsere germanischen Vorfahren nicht. Stattdessen riefen sie unter freiem Himmel den Beistand der überirdischen Mächte an. Die Stammesmitglieder versammelten sich an schönen oder geheimnisvollen Orten: In heiligen Wäldern und am Ufer von Seen und Mooren.

Wertvolle Geschenke sollten Schutz und Hilfe der Götter garantieren: Die Germanen opferten Nahrungsmittel, Kriegsbeute, Schiffe, Wagen, Tiere und auch Menschen. Am *See von Oberdorla* in Thüringen legten über 1 000 Jahre lang Germanen Tieropfer nieder. Im *Moor von Thorsberg* (Schleswig-Holstein) fanden sich unzählige Waffen.

Weise Seherinnen wie die Bruktererin *Veleda* wurden von den Germanen hoch verehrt. Aus dem Flug der Vögel oder den Strudeln von Flusswasser lasen die Frauen die Zukunft heraus. So erkannten sie den besten Zeitpunkt für einen Angriff oder den Sieger einer Schlacht. Oft verließen sich die Germanen auch auf das Schnauben geweihter Pferde.
In Holzstäbchen eingeritzte Runen gaben ebenfalls Antworten. Sie wurden über ein weißes Tuch verstreut und dann „befragt". Der aus germanischer Gefangenschaft befreite *Caius Valerius Procillus* erzählte seinen Kameraden, die Sueben hätten dreimal die Lose befragt, ob sie den Römer verbrennen sollen. Zu seinem Glück war die Antwort der Holzstäbchen jedes Mal *nein*.

3 Fragen an Professor Kniffelogus

1. Professor Kniffelogus, was genau wissen wir über Veleda?
Veleda war eine Seherin aus dem Stamm der Brukterer. Sie lebte angeblich fern von ihrem Stamm in einem hohen Turm oder einer Höhle. Einige Forscher meinen heute, sie wohnte auf hohen Felsen im Teutoburger Wald, andere nennen die Veledahöhle im Sauerland als ihren Wohnort.

2. Warum wohnte sie ganz allein?
Um noch geheimnisvoller und mächtiger zu erscheinen. Menschen, die ihren Rat suchten, durften auch nicht mit ihr persönlich sprechen. Sie übermittelte alle Nachrichten und Weissagungen über einen nahen Verwandten.

3. Konnte Veleda tatsächlich in die Zukunft blicken?
Im Jahre 69 n. Chr. wagten die germanischen *Bataver* einen Aufstand gegen Rom. Man bat Veleda, den Ausgang der Schlacht vorherzusagen. Sie weissagte, dass die Bataver gewinnen würden – und behielt Recht! Aber ob das Zufall war oder nicht, das wissen wir heute natürlich nicht mehr.

Ein neuer Gott

Ungefähr ab dem Jahr 400 breitete sich der christliche Glaube bei den germanischen Stämmen aus. Burgunder, Sueben und Franken ließen sich als Erste taufen.

Besonders geschickt ging der englische Missionar *Bonifatius* vor: Er fällte 723 eine Donar geweihte Eiche bei Büraburg in Hessen. Als der Gott nicht auf die Beleidigung reagierte, waren die anwesenden Chatten überzeugt: Der christliche Gott ist der mächtigste von allen!

Germanische Feste

30.4. Feuerfest – Walpurgisnacht

Mit lodernden Feuern begrüßten die Germanen den Frühling und baten die Götter um ein ertragreiches Jahr. Die christliche Kirche machte aus diesem Tag ein Fest zu Ehren der heiligen Walpurgis.

ca. 21.3. Frühlingstagundnachtgleiche – Ostern

Mit Lagerfeuern vertrieben die Germanen am Tag der Frühlingstagundnachtgleiche die bösen Wintergeister. Unsere Osterfeuer verdanken wir diesem feurigen Brauch. An diesem Tag ist außerdem Frühlingsanfang.

1.2. Kerzenfest – Lichtmess

Beim Kerzenfest bereiteten sich die Menschen auf den nahenden Frühling vor. Unser Frühjahrsputz hat vielleicht etwas mit dieser germanischen Tradition zu tun.

31.10. Totenfest – 1.11. Allerheiligen

In der dunklen Jahreszeit dachten die Germanen an die Toten. Das tun Christen heute an Allerheiligen. Auch die Furcht vor bösen Geistern war im Winter besonders groß.

21./22.12. Wintersonnenwende – 25.12. Weihnachten

Der 21. Dezember ist der kürzeste Tag des Jahres. Die alten Germanen feierten in dieser Nacht die Rückkehr des Lichts nach der dunklen, kalten Winterzeit. Aus dem „Geburtstag des Lichts" wurde bei den Christen der „Geburtstag von Jesus" – die Kerzen am Baum erinnern noch heute an das alte Lichterfest.

21.6. Sommersonnenwende – 24.6. Johannisnacht

Bei der Sommersonnenwende erreicht die Sonne ihren höchsten Stand und damit ihre größte Kraft. Paare sprangen gemeinsam über das Lagerfeuer und stärkten damit ihre Liebe. Diese Tradition lebt heute in der christlichen Johannisnacht (Geburt von Johannnes, dem Täufer) fort.

31.7. Kornfest – 15.8. Mariä Himmelfahrt

Kurz vor der Ernte baten die Germanen ihre Götter um reiche Erträge und gutes Wetter. Dazu opferten sie Brot und Getreide. Einige der uralten Bräuche bereichern heute das katholische Fest *Mariä Himmelfahrt*.

22./23.9. Herbsttagundnachtgleiche – Erntedankfest

Nun sind die Nächte wieder länger als die Tage und der Herbst beginnt. Getreide, Früchte, Nüsse und Pilze waren für den Winter eingelagert – für diese großzügigen Gaben dankten die Germanen den Göttern. Christen danken Gott beim Erntedankfest in der geschmückten Kirche.

Wusstest du schon?

Das Fest der Wintersonnenwende feierten die Germanen **12 Nächte lang** bis zum 6. Januar. In diesen *Rauhnächten* verwischten die Grenzen zwischen unserer Welt und der Welt der Geister und Feen. Verstorbene und Dämonen brachen zur „wilden Jagd" auf. Um sie zu vertreiben, machten die Germanen Krach – wie wir heute am 31. Dezember mit dem Silvesterfeuerwerk.

Die germanische Familie

Das oberste Familienmitglied bei den Germanen war der Vater. Er bestimmte über alles, was im Haus geschah: Wo die Familie lebte, wer welche Arbeit verrichtete, wen seine Töchter heiraten sollten. War eine Frau untreu, bestrafte das Familienoberhaupt sie hart. Zum Glück achtete die Großfamilie oder Sippe darauf, dass kein Mann zu ungerecht mit seiner Frau umsprang. Die Männer waren auch für alle Aufgaben außerhalb des Hauses zuständig: Sie arbeiteten auf den Feldern, jagten und zogen in den Krieg.

Germanische Frauen hatten zwar offiziell keine Macht, dennoch waren sie hoch angesehen. Im Krieg feuerten sie die Kämpfer an und versorgten deren Wunden. Im Frieden kümmerten sie sich um die Hausarbeiten: Mehl mahlen, Töpfern und Tiere füttern beschäftigte sie jeden Tag von früh bis spät.

Germanische Ehepaare bekamen meist viele Kinder. Auch die mussten ordentlich mit anpacken. Sie halfen den Müttern bei der täglichen Hausarbeit. Großeltern und unverheiratete Onkel und Tanten wohnten ebenfalls im Haus. Trotzdem waren die Familien nicht groß: Harte Arbeit, Krankheiten und Kriege verkürzten das Leben der Menschen. Im Durchschnitt erlebten die Germanen gerade einmal ihren 30. Geburtstag. Der *Junge von Windeby* etwa, der in einem Moor bei Eckernförde gefunden wurde, war höchstens 17 Jahre alt, als er an Hunger und Krankheit starb. Der *Mann von Osterby* dagegen, eine Moorleiche mit einem kunstvollen Suebenknoten, wurde 50, vielleicht sogar 60 Jahre alt. Für die Germanen war das steinalt.

Die Sippe

Eine Sippe bestand aus mehreren, miteinander verwandten Familien. Die Mitglieder standen bei Problemen füreinander ein. Wurde jemand beleidigt, beraubt oder sogar getötet, war die Ehre der ganzen Sippe verletzt – und die Ehre war für den Germanen das Allerwichtigste! Da half oft nur Rache: Der Übeltäter musste bestraft werden. Bei kleineren Vergehen konnte die Schuld mit Vieh beglichen werden. Bei einem Mord wurde der Täter meist ebenfalls getötet. Daraufhin schwor natürlich dessen Sippe wiederum Rache. Ein blutiger Kreislauf, der manchmal ganze Familienverbände auslöschte.

Wusstest du schon?

Aus **Tonbechern** tranken die Germanen Dickmilch, Bier oder Wein. Den *Met* aus Honig und Wasser gab es nur an hohen Feiertagen. Adlige Germanen besaßen **Becher aus Bronze oder Silber,** die manchmal sogar aus dem fernen Rom kamen. Aus **Hörnern von Rindern und Auerochsen** konnte man ebenfalls trinken. Diese Becher wurden mit Silberbändern kunstvoll geschmückt. Nur abstellen kann man so ein spitzes Horn nicht. Also musste der Inhalt auf einen Zug geleert werden.

Beim Thing

Bei Neu- oder Vollmond versammelten sich die Mitglieder eines Stammes zum *Thing*. Bei diesem Treffen wurde Recht gesprochen und, falls nötig, beschlossen, in den Krieg zu ziehen. Nur freie Männer durften teilnehmen; Sklaven, Frauen und Kinder hatten keinen Zutritt. Zu Hause bleiben war nicht erlaubt: Jeder freie Germane war verpflichtet, mit Waffen auf dem Thing zu erscheinen.

Germanen beim Thing auf der Mark-Aurel-Säule in Rom

War ein Krieg geplant, wählten die germanischen Männer einen Herzog. Dieser besonders tapfere und kampferprobte Krieger führte die Männer in die Schlacht. In friedlichen Zeiten wählten einige Stämme einen König: Er war adlig und besaß das Königsheil. Das bedeutete, dass die Götter es besonders gut mit ihm meinten. Die Germanen glaubten, dass der Stamm durch ihren König etwas von den göttlichen Heilsgaben abbekommen würde. Fruchtbare Felder und siegreiche Kriege waren so fast vorprogrammiert.

Der *Thingplatz* war ein besonderer Ort auf einem Hügel, unter einem bestimmten Baum oder an einem heiligen See. Noch heute gibt es in manchen Orten eine *Thingstraße* oder den *Thingplatz*. Ob dort tatsächlich vor langer Zeit eine germanische Versammlung abgehalten wurde, können Forscher meist nicht mehr genau sagen. Interessanter sind die Dörfer *Dingstede* bei Oldenburg in Niedersachsen oder *Thüngen* bei Würzburg. Ihre Namen zeigen, dass sich dort vermutlich die Germanen zum Thing trafen.

Die Gefolgschaften

Bei den Germanen gab es noch keine organisierte Armee. Stattdessen suchten mutige Adlige unter den jungen Kriegern ihre Anhänger. Eine große Gefolgschaft brachte dem Anführer Ehre ein und kämpfte im Krieg auf seiner Seite.

Die Gefolgsmänner gingen auch nicht leer aus: Sie wurden vom Gefolgsherrn beschützt, erhielten von ihm Essen, Unterkunft und natürlich einen großen Anteil der Kriegsbeute. Am allerwichtigsten für die Germanen war immer die Ehre: Tapfer an der Seite des Gefolgsherrn kämpfen – das brachte den Kriegern Ruhm und Ansehen. Gefolgsherr und Anhänger durften niemals ihre Gruppe verlassen – dann galten sie als ehrlose Feiglinge.

| f | u | th | a | r | k | g | w | h | n | i | j |
| ᚠ | ᚢ | ᚦ | ᚨ | ᚱ | ᚲ | ᚷ | ᚹ | ᚺ | ᚾ | ᛁ | ᛃ |

| eu | p | z | s | t | b | e | m | l | ng | o | d |
| ᛇ | ᛈ | ᛉ | ᛋ | ᛏ | ᛒ | ᛖ | ᛗ | ᛚ | ᛜ | ᛟ | ᛞ |

Die Runen

Die 24 germanischen Schriftzeichen heißen *Runen*. Nach den ersten sechs Buchstaben F, U, TH (wie englisch *th*), A, R und K heißt das Runen-ABC auch *Futhark*.

Nur wenige Eingeweihte konnten die Runen lesen und schreiben, denn alltägliche Nachrichten erzählten sich die Germanen lieber persönlich. Runen sollten, in Amulette und Waffen eingeritzt, den Träger beschützen. In Stein, Metall, Holz oder Knochen konnte man allerdings nur schwer geschwungene Linien einmeißeln, daher sind die germanischen Buchstaben so merkwürdig eckig.

Germanen und Römer

Auf der Suche nach Beute und fruchtbarem Land fielen die Germanen immer wieder in das römische Weltreich ein. Im Jahre 113 v. Chr. zog eine unüberschaubare Menge an Kimbern und Teutonen in Richtung Römisches Reich. Sie fügte den Römern mehrere schwere Niederlagen zu.

Die Angst vor der Kampfeswut der Germanen hielt die Legionäre (= Soldaten) fest im Griff. Überall erzählte man sich von schrecklichen Wilden, die halbnackt kämpften und dabei brüllten wie wilde Tiere. Riesengroß waren diese Germanen, bärtig und unglaublich tapfer. Der Blick ihrer Augen sollte sogar tödlich sein. Doch nach mehreren Jahren gelang es den Römern schließlich, sowohl die Kimbern als auch die Teutonen zu schlagen.

Römische Armeen versuchten lange, die germanischen Siedlungsgebiete zu erobern – doch ohne Erfolg. Schließlich gab Rom es auf. Die Eroberung Germaniens wurde gestoppt. Die Römer wollten sich und ihr Reich schützen. Eine Grenze des Römischen Reiches war der breite Fluss *Rhein*. An anderer Stelle, quer durch das heutige Südwestdeutschland, sicherten die Römer ihre Nordgrenze mit einer mächtigen Befestigungsanlage, die man heute noch besichtigen kann: den *Limes*.

Kolosseum, Rom

Römer

Römischer Wagen

Der Zug der Kimbern und Teutonen

Das Land selbst schien lebendig geworden zu sein: Ein nicht enden wollender Zug aus Kriegern zu Pferde, Frauen und Kindern auf Ochsenwagen, blökenden Schafen und muhenden Kühen wälzte sich von Jütland Richtung Süden. Die Kimbern und Teutonen flohen vor Sturmfluten und schweren Hungerjahren, um in wärmeren, fruchtbaren Gegenden eine neue Heimat zu finden.

Unheimliche Nachrichten von Angriff und Verwüstung drangen nach Rom. *Papirius Carbo* zog den Germanen 113 v. Chr. bis ins heutige Österreich entgegen. Obwohl es dem römischen Heerführer gelang, die Germanen in eine Falle zu locken, endete die Schlacht mit einer schweren Niederlage für die Römer.

Die Kimbern und Teutonen zogen nach Südfrankreich, wo sie im Jahr 109 v. Chr. erneut ein römisches Heer vernichteten. Ähnliches wiederholte sich 105 v. Chr. in zwei Schlachten am Fluss *Rhone*. Etwa 120 000 Römer sollen dabei getötet worden sein – nur zehn Überlebende konnten die grausige Nachricht in Rom verbreiten.

Die Kimbern und Teutonen wanderten rastlos durch Spanien und Frankreich weiter, anstatt Italien anzugreifen.

Die Römer nutzten diese Atempause, um von *Gaius Marius* ein neues Heer aufstellen zu lassen. Nach einer zweitägigen Schlacht unterlagen die Teutonen 102 v. Chr. den römischen Legionären. Der germanische König *Teutobad* wurde gefangen genommen und in Rom auf einem Triumphzug vorgeführt.

Die Kimbern überquerten unterdessen auf der Suche nach fruchtbarem Land die

Gaius Marius

Alpen. 101 v. Chr. besiegte Gaius Marius auch diesen germanischen Stamm. Angeblich wurden 65 000 Kimbern getötet und 60 000 gefangen genommen. Als die Niederlage nicht mehr abzuwenden war, sollen die Frauen sich und ihre Kinder selbst getötet haben.

3 Fragen an
Professor Kniffelogus

1. Professor Kniffelogus, stimmt es, dass etwa 150 000 Kimbern und Teutonen ihre Heimat verließen?
Ja, davon gehen die Forscher aus. Eine unvorstellbare Menge Menschen, etwa so viele wie in einer kleineren Großstadt leben.

2. Und wie kamen die Kimbern und Teutonen auf die Idee, nach Süden zu ziehen?
Römische Händler hatten den Kimbern und Teutonen von den fruchtbaren Gegenden in Südeuropa erzählt, von dem Sonnenschein und dem berauschenden Wein. Aber auch eigene Kundschafter reisten weit nach Süden.

3. Und wie haben sich die Kimbern und Teutonen verabredet, endlich loszuziehen? Handy und E-Mail hatten sie schließlich noch nicht.
Das können wir nur vermuten. Ich denke, zuerst haben sich einzelne Familien und kleinere Stämme beraten. Dann wurden Vertreter zu einem großen Thing geschickt. Und als der Marschbeschluss da war, ging es sicher nicht von heute auf morgen los. An einem Sammelpunkt wartete man vermutlich wochenlang, bis alle Auswanderer eingetroffen waren.

Varusschlacht

Arminius und Varus

Das römische Weltreich war riesig – nur Germanien fehlte. Um das zu ändern, schickte Kaiser *Augustus* seine Söhne *Drusus* und *Tiberius* in den Norden. Die beiden Feldherren unterwarfen die Friesen, Brukterer, Marser, Chatten und Cherusker.
Arminius, der Sohn des Cheruskerfürsten *Segimer,* ging nach Rom, um dort, wie viele andere Söhne adliger Verbündeter, Latein, Politik und Kriegsführung zu lernen.

Im Jahr 7 n. Chr. wurde *Publius Quintilius Varus* Statthalter der neuen Provinz in Germanien. Er führte römische Gesetze ein, doch die harten Strafen – öffentliches Auspeitschen zum Beispiel – und die hohen Steuern gefielen den Germanen gar nicht.
Der nach Hause zurückgekehrte Germane Arminius vereinte mehrere Stämme unter seinem Kommando. Als Varus mit seinen Legionen 9 n. Chr. auf dem Rückweg ins Winterquartier am Rhein war, brachte man ihm die falsche Nachricht, dass einige Germanen rebellierten. Varus machte sich sofort auf den Weg zurück. Er war zuvor noch vor Arminius gewarnt worden, doch da sich die beiden kannten, glaubte Varus nicht, dass Arminius etwas im Schilde führen könnte.

Bei schlechtem Wetter gerieten die Römer in einen Hinterhalt von Arminius und seinen Männern. Nach drei Tagen waren über 20 000 römische Soldaten gefallen. Varus und seine Offiziere töteten sich selbst. Die römischen Lager in Germanien wurden bald aufgegeben. Das Land wurde nie eine römische Provinz.

Und Arminius? Er trug Kämpfe mit dem Markomannenkönig *Marbod* und sogar mit den Cheruskern aus. Zwischen 19 und 21 n. Chr. wurde Arminius von den eigenen Verwandten ermordet. Viele Germanen verehrten ihren Befreier noch lange.

Arminius

Thusnelda

Der römische Feldherr *Germanicus* versuchte einige Jahre nach der Varusschlacht erneut, Germanien für Rom zu erobern – erfolglos. Es gelang ihm allerdings, Arminius' Frau *Thusnelda* gefangen zu nehmen. Dabei erhielt er Hilfe vom Cheruskerfürsten *Segestes*, Thusneldas eigenem Vater. Die Germanin und ihr Sohn *Thumelicus* wurden nach Rom gebracht. Arminius sahen sie nie wieder. Übrigens: Eigentlich ist diese tapfere Germanin gemeint, wenn wir jemanden „Tussi" nennen!

Arminius oder Hermann?

Vor etwa 150 Jahren war man in Deutschland mächtig stolz auf Arminius: Aus seinem römischen Namen wurde ein deutscher „Hermann" und seinem Sieg über Varus wurde ein riesiges Denkmal gesetzt. Leider nicht am echten Ort der Schlacht, sondern bei Detmold im Teutoburger Wald. Auch ein lustiges Lied wurde damals gedichtet:

Als die Römer frech geworden,
Sim serim sim sim sim sim,
Zogen sie nach Deutschlands Norden,
Sim serim sim sim sim sim,
Vorne mit Trompetenschall,
Täterä tätätä,
Ritt der Generalfeldmarschall,
Täterä tätätä,
Herr Quintilius Varus,
Wau, wau, wau, wau, wau, wau
Herr Quintilius Varus,
Schnätteräng täng, schnätteräng täng,
Schnätteräng täng, deräng tängtäng

Hermannsdenkmal

51

Der Limes

Ganz Germanien zu erobern, diesen Plan gaben die Römer auf. Doch während des ersten Jahrhunderts n. Chr. gewannen sie weite Teile Süddeutschlands für ihr Weltreich. Schließlich gab es vier römische Provinzen im heutigen Deutschland, die sich um die Städte Trier, Mainz, Köln und Augsburg erstreckten.

Chatten und Markomannen lieferten sich immer wieder Kämpfe mit den Römern. Daher bauten die Römer eine befestigte Grenzlinie. Diesen *Limes* sicherten die Legionäre mit hölzernen Wachtürmen. Im zweiten und dritten Jahrhundert wurde die Anlage verbessert: Palisadenzäune, Erdwälle, Gräben und Steinmauern schützten die Grenze zum römischen Imperium.

In den Provinzen übernahmen die Germanen die Lebensweise ihrer Herrscher: Sie lernten Wein, Öl und befestigte Straßen kennen – die lateinischen Worte *vinum, oleum* und *strata* übernahmen sie gleich in ihre Sprache.
Aus den Militärlagern wuchsen ganze Städte mit Theatern, Tempeln und warmen Bädern.

Im freien Germanien trieben nur die Adligen Handel mit den Römern. Sie importierten wertvolle Silberbecher, Glas und Wein. Manch ein Fürst nahm auch römische Bestechungsgelder an, um dann gegen romfeindliche Stämme zu kämpfen. So wurde der germanische Adel zu einer reichen, mächtigen und hoch angesehenen Führungsschicht.

Die Germanen

Krieg führen beschrieb *Tacitus* als Lieblingsbeschäftigung der germanischen Männer. Sie kämpften um Land, Beute oder die Vorherrschaft ihres Stammes.
Die germanischen Fußsoldaten griffen in einer keilförmigen Formation an. Dabei schwenkten sie ihre Schilde drohend über dem Kopf. Die spitzen Schildbuckel machten den Schutzschild zu einer idealen Stoßwaffe. Mit langen Lanzen bewaffnet waren die Germanen gefürchtete Gegner.

Wachturm des Limes

und der Krieg

Wusstest du schon?

Der Schild war für die Germanen, das berichtet Tacitus, die wichtigste Waffe überhaupt. Die Schilde wurden prächtig bemalt und mit spitzen Schildbuckeln – das sind kegelförmige Eisenteile – verziert. Es war eine große Schande, seinen Schild auf dem Schlachtfeld zu verlieren. Ein Krieger ohne Schild galt als ehrlos. Er durfte weder an religiösen Bräuchen noch an Thing-Versammlungen teilnehmen.

Germanen in Bewegung

Mit dem Zug der Kimbern und Teutonen hatte es angefangen: Immer wieder verließen Germanen ihre Heimat, um sich anderswo ein neues, besseres Zuhause aufzubauen.

Richtig dramatisch wurden diese Wanderungen erst Mitte des 4. Jahrhunderts. Damals fielen die *Hunnen,* ein Reitervolk aus Asien, in Europa ein. Aus Angst vor Krieg und Zerstörung flohen viele Germanen aus ihren bisherigen Wohngebieten Richtung Süden und Westen.

Doch dort, wo die Flüchtlinge hinkamen und sich niederließen, wurde es wiederum zu voll. Geringe Ernten, Hunger und Kämpfe waren die Folge. Die Stämme zogen weiter, andere setzten sich ebenfalls in Bewegung. Die Völkerwanderung hatte begonnen.

Für das Römische Reich wurde es dabei richtig gefährlich: Selbst die große Stadt Rom wurde von einem germanischen Volk, den Goten, erobert und geplündert!

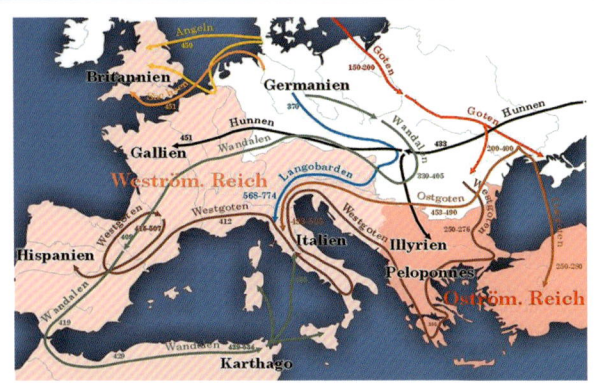

Völkerwanderung

Die Völkerwanderung

Stammeszeichen

In den Jahrhunderten nach Christi Geburt geriet die germanische Welt in Bewegung. Viele Stämme verließen ihre Wohngebiete und suchten neues Siedlungsland. Auf der Wanderung schlossen sich kleine Gruppen zu großen Stämmen zusammen. Neue germanische Reiche bildeten sich. Alte Reiche wurden von wandernden Germanen erobert.

Durch ganz Europa zogen die Germanen. Die *Vandalen* (= germanisches Volk) ließen sich sogar in Afrika nieder.

Oder

Rhein

Der Beginn der Völkerwanderung

Die *Hunnen* waren Nomaden aus den weiten Steppen Asiens. Vermutlich verschlechterte sich im vierten Jahrhundert das Wetter und die Nahrung wurde knapp. Also fielen die Hunnen 375 in die Wohngebiete der Germanen ein. Die geschickten Reiter und treffsicheren Bogenschützen säten Angst und Schrecken unter der Bevölkerung. Unzählige Germanen flohen vor den Hunnen. Die Völkerwanderung hatte begonnen.

Die *Burgunder* waren an der Oder zu Hause. Von dort zogen sie zuerst an den Main, dann weiter an den Rhein. Dort entstand um 400 ein burgundisches Königreich. König *Gunther* wollte seine Macht nach Gallien ausdehnen, doch das gehörte zum römischen Weltreich. 435 wurden die Burgunder von einem römischen Heer besiegt. Ein Jahr später vernichteten die Hunnen, Roms Verbündete aus Ungarn, das Reich der Burgunder vollkommen.

Die Burgunder

Die Burgunder zogen weiter nach Süden und ließen sich in Südfrankreich nieder. Die Könige *Sigismund* und *Gundomar* verhalfen ihrem Stamm noch einmal zu einem eigenen Königreich. Doch auch dieses Mal war es nicht von Dauer. Im Jahr 532 wurden die Burgunder Teil des neuen mächtigen Frankenreiches, aber noch heute spricht man von dieser Gegend als Burgund.

Die Ereignisse um die *Nibelungen,* wie man die Burgunder auch nannte, erzählten sich die Menschen noch jahrhundertelang weiter. Im berühmten Nibelungenlied können wir noch heute Wahres und Erfundenes über Gunther, die Burgunder und die Hunnen nachlesen.

Das Nibelungenlied

Die wunderschöne Königstochter *Kriemhild von Worms* verliebt sich in *Siegfried von Xanten* und heiratet ihn. Der Held ist durch ein Bad in Drachenblut nahezu unverwundbar und besitzt einen sagenumwobenen Schatz. Zur gleichen Zeit heiratet Kriemhilds Bruder *Gunther* die isländische Königin *Brünhild*. Die beiden Frauen streiten sich darüber, welcher ihrer Männer ein größerer Held sei. Damit König Gunther gewinnt, ermordet der Verwandte *Hagen von Tronje* Siegfried hinterhältig und raubt seinen Schatz.

13 Jahre später heiratet Kriemhild den Hunnenkönig *Etzel* und lädt Gunther und Hagen zu einem großen Fest ein. Endlich will sie für Siegfrieds Tod Rache nehmen. Es gelingt ihr, einen Streit zwischen den Kriegern zu entfachen. Hagen, Gunther und auch Kriemhild sterben in den Wirren eines schrecklichen Kampfes.

Nibelungenlied

BRITAIN

IN 597

Celts

Bret Welsh

Scots

Picts

Teutons

Angles

Saxons

Jutes

Die Angelsachsen

Die *Sachsen* fuhren immer wieder über das Meer, um in der römischen Provinz *Britannien* reiche Beute zu machen. Im Jahr 410/411 verließen die letzten römischen Truppen Britannien für immer. Die Insel war jetzt ungeschützt. Aus dem Norden, dem heutigen Schottland, griffen kriegerische Stämme die Briten an. Die Sage erzählt, dass die Briten die Sachsen um Hilfe riefen. Dadurch kamen diese auf die Insel. Da die Insel fruchtbar war und die Sachsen die Briten unterwerfen konnten, beschlossen sie, zu bleiben.

Im fünften Jahrhundert wanderten unzählige Germanen auf die Insel Britannien aus. Es wird vermutet, dass sie von Sturm-fluten, schlechtem Wetter und Stammesstreitigkeiten aus ihrer Heimat vertrieben wurden. Die meisten waren Sachsen von der deutschen Nordseeküste und Angeln aus dem heuti-gen Schleswig-Holstein. Daher nennt man die germanischen Bewohner Englands auch *Angelsachsen*. Einige Jüten und Friesen waren auch dabei. Nach einem Teil der germanischen Eroberer heißt das Land heute England: *Land der Angeln*.

Die Briten wollten ihr Land nur ungern den Germanen über-lassen. Es kam zu schrecklichen Kämpfen. In der Schlacht am *Berg Badon* soll ein tapferer Krieger namens *Artus* die Briten angeführt und die Angelsachsen besiegt haben. Von ihm be-richtet heute noch die *Artussage*.

3 Fragen an Professor Kniffelogus

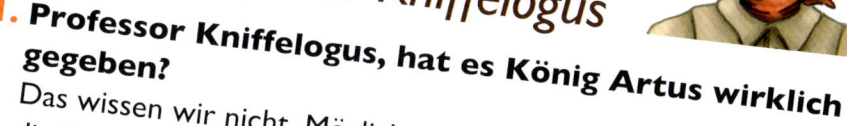

1. Professor Kniffelogus, hat es König Artus wirklich gegeben?

Das wissen wir nicht. Möglicherweise gab es im Kampf gegen die Sachsen einen Heerführer namens *Artus*. Die *Tafelrunde* und das Schwert *Excalibur* gehören aber ziemlich sicher in das Reich der Sagen und Legenden.

2. Die Tafelrunde? Was ist das?

König Artus saß mit seinen Rittern angeblich an einem runden Tisch. Damit wollte er vermeiden, dass es Streit darüber gibt, wer wo sitzen darf.
Bei einem eckigen Tisch gab es damals eine feste Sitzordnung: Am sogenannten *Kopf* der Tafel, nah beim König, saßen die wichtigsten Ritter, am anderen Ende des Tisches die weniger berühmten. An einem runden Tisch waren alle gleich.

3. Und wie war das mit dem Schwert?

Excalibur war der Sage nach ein mächtiges Schwert, das Artus' Vater *Uther* von einer Zauberin erhalten hatte. Bevor Uther starb, stieß er das Schwert in einen Stein und sagte, dass nur der rechtmäßige König es wieder herausziehen könnte. Viele Edelmänner versuchten es erfolglos. Dann kam der junge Artus und das Schwert glitt wie von selbst aus dem Stein. Artus wurde König.

Excalibur (aus der Artussage)

Darstellung merowingischer Könige aus dem 19. Jahrhundert

König Chlodwig I.

Die Franken

In der Völkerwanderungszeit suchten sich immer mehr junge Krieger einen mächtigen Gefolgsherrn. Die Fürsten konnten es sich nur leisten, ihre riesige Gefolgschaft zu versorgen, wenn sie ständig auf Beutezug gingen. Die Gefolgschaften bildeten große Kampfgruppen, um die starken römischen Grenzen zu durchbrechen. Einzelne Gefolgsherren gewannen immer mehr Macht. Die Stämme verschmolzen zu Großstämmen.

Auch im nordwestlichen Germanien schlossen sich im dritten Jahrhundert einige kleine Stämme, darunter die *Ampsivarier*, *Brukterer* und *Chatten* zu einem Großstamm zusammen. Diese *Franken* genannten Germanen wurden das mächtigste germanische Volk. Sie drangen in das Römische Reich ein. Die Gruppe der *Rheinfranken* zog nach Süden, an die Ufer von Main und Rhein. Die *Salfranken* dagegen ließen sich im heutigen Belgien nieder.

Unter König *Chlodwig I.* (er regierte von 482 – 511) und seinen Nachfolgern dehnten die Franken ihre Macht über ganz Gallien aus. Das letzte römische Herrschaftsgebiet und die Reiche der germanischen Westgoten und Burgunder wurden dem riesigen Frankenreich einverleibt. In weniger als 100 Jahren schufen die Franken ein riesiges Reich.

In den Fürstengräbern aus dieser Zeit können Archäologen erkennen, warum die Franken so erfolgreiche Eroberer waren: Mit ihren neuen Waffen, dem Wurfspeer und der Wurfaxt, gingen die fränkischen Krieger sehr geschickt um. Ihre Axt wurde von den Feinden sogar als *francisca (= die Fränkische)* bezeichnet.

Klinge einer Wurfaxt

Karl der Große

Das Reich der Franken blieb noch lange bestehen. Seine größte Macht hatte es unter *Karl dem Großen*, der von 768 bis 814 regierte. Er eroberte große Teile der heutigen Länder Deutschland, Österreich, Schweiz, Tschechische Republik und Slowakei. Karl war auch nicht mehr bloß König, sondern brachte es bis zum Kaiser. Er wurde am 25. Dezember 800 vom Papst in Rom gekrönt.

3 Fragen an Professor Kniffelogus

1. Professor Kniffelogus, warum wird Karl „der Große" genannt?

Weil er ein sehr bedeutender Herrscher war. Er befehligte ein riesiges Reich, das sich von Italien und Spanien im Süden bis Schleswig-Holstein im Norden zog. Es reichte von Frankreich im Westen bis in die Slowakei im Osten. Außerdem bekam er sogar den Titel *Kaiser* verliehen.

2. Karl der Große war ein Germane?

Ja, er gehörte zu den Franken. Wobei die Lebensweise dieser Franken sicher ganz anders war als die der Germanen, von denen ich dir bisher berichtet habe. Schließlich lebte Karl viel später.

3. Und was hatte Karl mit den Sachsen zu tun?

Karl der Große hat das Gebiet der germanischen Sachsen im heutigen Niedersachsen erobert. Dabei ging er ziemlich brutal vor: Die Sachsen mussten ihre alte Religion aufgeben und Christen werden. Aufstände, das Anbeten der germanischen Götter und die Bestattung nach den alten Bräuchen wurden streng bestraft.

Die Germanen –
Wie ging es weiter?

In der Zeit der Völkerwanderung zogen die germanischen Stämme durch ganz Europa und sogar durch Afrika. Ihre Lebensart veränderte sich nun allein schon dadurch, dass sie in neuen Gebieten siedelten. Die *Vandalen* im heißen Afrika brauchten zum Beispiel andere Kleider und Häuser, als sie in Osteuropa besessen hatten. Und die *Westgoten* fanden in Spanien sicher ganz andere Früchte und Tiere zu essen, als vor ihrer Wanderung im heutigen Bulgarien.

Die Völkerwanderungszeit war gefährlich: Die Menschen begegneten anderen germanischen Stämmen und Einheimischen, sie mussten immer wieder kämpfen und die neue Heimat verteidigen. Viele erfolgreiche Heerführer dieser Zeit konnten nach und nach immer mehr Macht ansammeln. Sie wurden zu Königen. Um sie herum kamen andere Heerführer und kluge Berater ebenfalls zu viel Macht und Ansehen. An den Königshöfen gab es nun mächtige Berater, hinterhältige Machtspiele unter den Gefolgsleuten und Streitigkeiten um die Nachfolge des Königs. Solch eine starke und mächtige Führungsschicht hatten die Germanen vorher nicht gekannt.

Die Wikinger

Einige Germanen aus Skandinavien (dem heutigen Dänemark, Norwegen und Schweden) sorgten etwa ab dem Jahr 800 in Europa für Aufsehen. Man nannte sie *Wikinger.* So wurden die Seekrieger bezeichnet, die auf langer Beutefahrt weit von der Heimat entfernt waren. Mit ihren schnellen Booten bereisten sie über Nord- und Ostsee und das Mittelmeer ganz Europa. Über die Flüsse stießen sie bis weit in das Innere Europas vor. Die Seefahrer aus dem Norden fuhren ins heutige Frankreich, nach Süditalien und sogar bis nach Russland. Manchmal plünderten sie dort nur und fuhren dann wieder nach Hause. Aber an einigen Orten gefiel es ihnen so gut, dass sie sich niederließen. So besiedelten die Wikinger zum Beispiel die Nordhälfte Englands und die Insel Sizilien. Noch heute trägt eine Gegend in Nordfrankreich ihren Namen: Normandie kommt von *Nordmann = Wikinger.*

Nachfahren der Wikinger entdeckten um 870 Island, die Insel weit im nördlichen Atlantik. In den folgenden Jahrhunderten ließen sich Auswanderer aus Norwegen dort nieder.

Ein berühmter Seekrieger aus Island war *Erik der Rote:* Er wurde 982 von der Insel vertrieben und reiste mit seinen Anhängern noch weiter nach Norden, nach Grönland. Auf diesem von Schnee und Eis bedeckten Land siedelten nun auch die Nachfahren der germanischen Wikinger. Der Sohn Eriks des Roten, *Leif Eriksson,* segelte um 1000 sogar bis Nordamerika. In Wirklichkeit wurde dieser Kontinent von Kolumbus 1492 also nur wiederentdeckt.

Wusstest du schon?

Du weißt schon, dass die Germanen sich in der Bronze- und Eisenzeit in einer gemeinsamen Sprache (oder zumindest in mehreren ziemlich ähnlichen Sprachen) unterhielten. Das änderte sich mit der Zeit. Je weiter die Germanen voneinander entfernt lebten und je mehr Zeit verging, umso mehr entwickelten sich ihre Sprachen in verschiedene Richtungen. Deswegen können sich Deutsche, Engländer, Niederländer, Schweden, Norweger und Menschen, die Friesisch oder Plattdeutsch sprechen, heute leider nicht mehr so gut verständigen.

Langschiffe – schnell und praktisch

Die *Langschiffe* der Wikinger waren eigentlich Kriegsschiffe. Die kleinsten Langschiffe hatten Platz für etwa 25, die größten für 60 Ruderer. Zusätzlich konnten weitere Krieger mitfahren. Neben den Ruderriemen dienten auch aus Stoffbahnen zusammengenähte Segel als Antrieb. Auf dem Meer nutzten die Seekrieger den Wind in den Segeln, auf den Flüssen legten sie den Mast um und glitten unter niedrigen Brücken hindurch.

Ohne Satellitennavigation und genaue Landkarten war das Segeln über den Atlantik für die Wikinger ein großes Abenteuer. Sie orientierten sich dabei an Inselgruppen und hohen Bergen, die man von See aus erspähen konnte, oder an Vögeln, die vom Land her angeflogen kamen. Viele Reisende schrieben genaue Berichte nieder und halfen so späteren Seefahrern, Grönland oder Amerika zu finden.

Stichwortverzeichnis